ANALISI DEL LIBRO

Le nozze di Figaro

· · · · · · · · · · · · · ·

BEAUMARCHAIS

ANALISI DEL LIBRO

Scritto da Lucile Lhoste
Tradotto da Sara Rossi

Le nozze di Figaro

Beaumarchais

PIERRE BEAUMARCHAIS

DRAMMATURGO, POETA, POLITICO E MUSICISTA FRANCESE

- **Nato a Parigi nel 1732.**

- **Morto a Parigi nel 1799.**

- **Opere degne di nota:**

  - *Eugénie* (1767), opera teatrale

  - *Il Barbiere di Siviglia* (1775), opera teatrale

  - *La madre colpevole* (1792), opera teatrale

Pierre-Augustin Caron nacque nel 1732 ed è meglio conosciuto con il cognome che adottò in seguito, Beaumarchais, che deriva da "le Bois Marchais", un terreno che apparteneva a sua moglie. Inizialmente seguì le orme professionali del padre, maestro orologiaio, prima di entrare nell'alta società parigina nel 1759 come precettore di musica per le figlie del re Luigi XV (1710-1774). In questo periodo si fece una reputazione di incorreggibile donnaiolo, prima di essere nominato Segretario-Consigliere del Re, posizione che gli permise di assumere una serie di responsabilità diplomatiche.

Il primo vero successo letterario di Beaumarchais arrivò nel 1775, quando fu rappresentata la sua opera *Il barbiere di Siviglia*. Dopo essere stato vittima della censura e delle pratiche obsolete della Comédie-Française (prestigioso teatro di

Stato francese), nel 1777 fondò la *Société des auteurs dramatiques* ("*Società* degli *autori drammatici*"), che è generalmente considerata l'origine dell'idea moderna di copyright. Beaumarchais morì nel 1799.

LE NOZZE DI FIGARO

UN'OPERA DI CRITICA SOCIALE CHE FA RIFLETTERE

- **Genere:** commedia (commedia)
- **Edizione di riferimento:** Beaumarchais, P-A. (1964) *Il Barbiere di Siviglia e Le nozze di Figaro* Trans. Wood, J. London: Penguin.
- **1° edizione:** 1784
- **Temi:** nobiltà, seduzione, privilegio, fedeltà, classe sociale, politica

La commedia in prosa in cinque atti *La pazzia di un giorno o le nozze di Figaro*, più comunemente conosciuta semplicemente come *Le nozze di Figaro*, fu rappresentata per la prima volta nel 1784 ed è il seguito de *Il barbiere di Siviglia* (1775). È ambientata in Spagna, nella residenza del conte Almaviva. Ne *Il barbiere di Siviglia,* Almaviva aveva chiesto l'aiuto del suo valletto Figaro per sposare Rosine, fidanzata con l'anziano medico Bartholo. Ora Figaro vuole sposare la cameriera di Rosine, Suzanne, ma Almaviva si oppone fermamente a questa unione e fa di tutto per impedirla.

Il trattamento irriverente e provocatorio di Figaro nei confronti del suo padrone aristocratico fa delle *Nozze di Figaro* un'opera di forte impatto politico che preannuncia l'avvento della Rivoluzione francese nel 1789.

SINTESI

ATTO PRIMO

Sono in corso i preparativi per il matrimonio di Figaro. Figaro sposerà Suzanne che, come lui, lavora per il conte Almaviva. Suzanne racconta a Figaro che Almaviva ha fatto ripetute avances nei suoi confronti nel tentativo di far valere il suo *droit de seigneur*, un diritto feudale controverso (si dice che permettesse ai signori feudali di avere rapporti sessuali con le loro vassalle durante la prima notte di nozze, ma la sua esistenza è stata messa in discussione dagli studiosi). Figaro deve quindi trovare una via d'uscita da questa situazione.

Questa non è l'unica complicazione che Figaro si trova ad affrontare: deve anche una considerevole somma di denaro a Marceline, di cui aveva precedentemente rifiutato le avances. Marceline chiede aiuto al medico Bartholo e cerca di sfruttare il debito per far annullare le nozze di Figaro. Inoltre, Almaviva rimanda il matrimonio, sostenendo di aver bisogno di più tempo per preparare la cerimonia; in realtà, sta ancora cercando di convincere Suzanne ad andare a letto con lui. Quando si convince che il suo paggio Chérubin la corteggia, gli offre un incarico militare lontano per allontanarlo da lei.

ATTO SECONDO

In realtà, Chérubin corteggia Rosine, non Suzanne. Con il consenso e l'aiuto di Rosine, Figaro progetta di vendicarsi del conte tendendogli una trappola: consegna a Bazile, il maestro di musica della contessa, una lettera anonima indirizzata a lei da un pretendente che vuole incontrarla a un ballo che si terrà quella sera. Lo scopo di questo trucco è quello di fomentare la gelosia di Almaviva e di distrarlo dalle imminenti nozze. Figaro vuole anche convincere Chérubin (che ha solo finto di partire con l'esercito) a vestirsi con gli abiti di Suzanne e a partecipare a un appuntamento notturno con Rosine.

Quando Chérubin è ancora nell'appartamento di Rosine, Almaviva, in preda alla gelosia dopo aver letto il biglietto indirizzato alla moglie, cerca di sfondare la porta. Il giovane paggio si precipita nella stanza della polvere e nella colluttazione che ne segue riesce a gettarsi dalla finestra appena in tempo. Suzanne prende il suo posto e Rosine riesce ad appianare la situazione, ammonendo il conte per la sua mancata fiducia e minacciando di ritirarsi in convento.

La gelosia del Conte ha quasi la meglio su di lui quando il giardiniere gli dice di aver visto un uomo cadere da una finestra aperta. Figaro deve ora usare tutta la sua astuzia per convincere il Conte che l'uomo era lui e non Chérubin. Proprio quando le cose sembrano rimettersi in carreggiata per i futuri sposi, arriva Marceline e sostiene che Figaro deve sposarla perché non ha saldato il suo debito con lei.

ATTO TERZO

Ha luogo il primo confronto diretto tra Figaro e Almaviva, poiché il Conte non è convinto che l'uomo caduto dalla finestra sia davvero il suo valletto.

Poche ore dopo, al castello inizia il procedimento legale tra Figaro e Marceline. Si sostiene che Figaro abbia precedentemente promesso di sposare Marceline se non gli avesse restituito il denaro che lei gli aveva prestato. Ne nasce un dibattito tra Figaro, che si difende, e l'avvocato di Marceline, Bartholo. Poiché il documento che stabilisce il prestito non è più leggibile, il tribunale non sa se Figaro sia obbligato a rimborsare e sposare Marceline, o se il matrimonio sia un risarcimento nel caso in cui non restituisca il suo debito.

Figaro sostiene che, essendo orfano, non può ottenere il consenso dei genitori e quindi non può sposarsi. Marceline riconosce la cicatrice sul braccio sinistro e capisce che si tratta del figlio avuto da Bartholo. Rosine offre a Suzanne la dote, in modo che il matrimonio possa aver luogo immediatamente.

QUARTO ATTO

Ora che tutto sembra finalmente pronto per le nozze di Suzanne e Figaro, la Contessa contribuisce a organizzare un incontro tra Suzanne e Almaviva con l'obiettivo di tendere una trappola al Conte geloso.

Al castello viene organizzato un secondo matrimonio, questa volta tra Bartholo e Marceline. Molti anni prima avevano firmato una promessa in cui si sarebbero impegnati a sposarsi se Marceline avesse trovato il bambino che i banditi le avevano rapito.

QUINTO ATTO

Figaro viene a sapere che Suzanne ha accettato una relazione notturna con il Conte. Sprofondato nella disperazione, pronuncia un lungo monologo sulla fedeltà femminile e sui privilegi della nascita. Quando vede arrivare Suzanne, si nasconde nel parco. In realtà, la donna è la Contessa, che si è travestita da cameriera per ingannare il marito. Almaviva arriva e pensa di affascinare Suzanne; a sua insaputa, sta offrendo una dote e un diamante alla propria moglie. Nel frattempo, Chérubin flirta con Suzanne credendo erroneamente che sia la contessa. Il Conte si rende conto dell'inganno e il matrimonio di Suzanne e Figaro ha luogo con una dote aggiuntiva.

STUDIO DEL CARATTERE

FIGARO

Dopo essere stato rapito dai banditi da bambino, Figaro è rimasto senza un vero nome cristiano e senza titoli nobiliari, e afferma di aver provato ogni professione immaginabile prima di lavorare come barbiere a Siviglia. È qui che incontra il Conte Almaviva, di cui diventa valletto e che aiuta a salvare Rosine dalle grinfie di Bartholo.

La caratteristica che contraddistingue Figaro è la sua astuzia: è l'archetipo del valletto che usa travestimenti e bugie per ingannare il suo padrone. Rifiuta di attenersi alle rigide convenzioni sociali del suo tempo e la sua notevole franchezza sfiora talvolta l'insolenza quando parla con aristocratici o avvocati.

È follemente innamorato di Suzanne ed è pronto a fare qualsiasi cosa per impedire al conte Almaviva di sedurla. È ben consapevole dei limiti imposti dalla sua posizione sociale e si ribella ad essa con il linguaggio piuttosto che con la violenza. Infatti, le sue innumerevoli risposte provocatorie derivano dalla sua disperazione per il posto che occupa all'interno della società.

È il personaggio centrale della commedia, che è strutturata dalle sue apparizioni inaspettate. Si rivolge direttamente al pubblico in numerose battute, che servono a suscitare simpatia nei suoi confronti.

SUZANNE

Suzanne è una giovane cameriera completamente devota alla Contessa e la sua schiettezza la rende la controparte femminile di Figaro. È determinata e sardonica per natura, soprattutto nelle sue interazioni con gli uomini. Le differenze di classe sociale non significano nulla per lei, e si allea con Rosine per usare travestimenti per ingannare Almaviva.

Le sue azioni nella commedia sono esilaranti, comiche e dinamiche. È uno dei pochi personaggi femminili del repertorio della Comédie-Française che non è un'ingenua ingenua condotta in trappola da uno scaltro seduttore; al contrario, è astuta e gelosa nel suo rapporto con Figaro.

CONTE ALMAVIVA

Il Conte è un uomo potente e proprietario del castello di Aguas-Frescas. È astuto, sardonico, geloso e sospettoso. Non si ferma davanti a nulla per ottenere ciò che vuole e cerca di abusare della sua posizione per costringere Suzanne a dormire con lui. Infatti, persino la moglie lo descrive come un "tiranno". È un donnaiolo incallito, ma fatica ad affrontare la sconfitta o qualsiasi tipo di opposizione ai suoi piani. In questo senso, può essere visto come una rappresentazione dell'autorità e dei rigidi principi degli uomini dell'Ancien Régime (il sistema sociale francese precedente alla Rivoluzione francese, 1515-1789).

È interessante considerare l'evoluzione del personaggio Almaviva: nonostante Figaro abbia reso possibile il suo matrimonio con Rosine, egli non sembra provare alcuna gratitudine nei confronti del suo valletto e trascorre l'intera opera cercando di sedurre la sua fidanzata. Solo dopo aver capito di essere stato ingannato, è costretto a lasciare che Figaro e Suzanne si sposino.

CONTESSA ROSINE

Rosine è l'unico personaggio dell'opera che ha infranto le barriere sociali, essendo passata da origini non aristocratiche a diventare una contessa. Tuttavia, non ha dimenticato le sue radici: scegliendo di aiutare Suzanne, inganna il marito e si oppone chiaramente ai suoi principi. È generosa e allegra per natura e mostra il suo lato frivolo quando flirta con Chérubin.

È pienamente consapevole delle intenzioni del marito nei confronti di Suzanne e critica gli uomini in generale. Pur essendo sposata, dimostra iniziativa e indipendenza e decide di ingannare il marito per riconquistarlo e dimostrargli il suo valore.

MARCELINE

Marceline sembra inizialmente un personaggio secondario, ma con il procedere dell'opera assume un ruolo sempre più importante nella trama, fino alla sorprendente rivelazione che è in realtà la madre di Figaro. Anche le sue priorità cambiano: all'inizio dell'opera è decisa a recuperare il denaro che le è dovuto o a sposare Figaro, ponendosi in questo modo come rivale di Suzanne, ma in seguito si cala nel ruolo di madre protettiva e contribuisce a far sì che il matrimonio abbia luogo.

Questo personaggio serve anche a introdurre il tema della posizione della donna nella società, in quanto è apertamente critico nei confronti degli uomini e del loro comportamento spesso egoistico: ad esempio, Bartholo ha generato un figlio con lei ma poi si è rifiutato di sposarla.

CHÉRUBIN

Chérubin, il paggio adolescente del conte, è innamorato della contessa. Le è irrimediabilmente devoto, arrivando persino a dire che preferirebbe morire piuttosto che farle del male: "[mi getterei] nella stessa fossa ardente [...] piuttosto che farle del male" (Atto 2, Scena XIV). In realtà, le sue espressioni d'amore sono così esagerate da sfiorare la parodia.

Corre grandi rischi per vedere Rosine e viene quasi catturato nel secondo atto (viene salvato da Figaro, che finge di essere in visita alla contessa). Viene involontariamente coinvolto nel complotto finale e si ritrova a flirtare con Suzanne, pensando che sia Rosine, il che lo rende ridicolo.

BARTHOLO

Bartholo, un anziano medico di Siviglia, ha un ruolo meno importante in questa commedia rispetto a *Il barbiere di Siviglia*, in cui era deciso a sposare Rosine. Ricorda gli uomini anziani delle commedie classiche, poiché è avaro e irascibile e cerca di attrarre una donna molto più giovane.

Ne *Le nozze di Figaro*, funge da avvocato di Marceline nel suo procedimento legale contro Figaro. Si rifiuta anche di riconoscere che Figaro è suo figlio.

ANALISI

UN'OPERA POLITICA CONTROVERSA

Contenuti provocatori

Le nozze di Figaro fu un successo immediato, in parte dovuto al suo tono leggero e dinamico e alle battute di Figaro. Tuttavia, l'opera deve il suo successo anche alle sue idee controverse e al suo contenuto politico. Infatti, la trama è incentrata su un valletto che sfida il suo padrone quando quest'ultimo cerca di abusare dei privilegi che gli vengono concessi dalla sua posizione sociale. Nonostante il tono apparentemente comico e leggero dell'opera, la sua dimensione critica è inconfondibile.

Censura reale

Beaumarchais temeva che la sua opera potesse essere troppo sovversiva e i suoi timori si rivelarono giustificati: Il re Luigi XVI (1754-1793) ne ordinò la censura perché la riteneva troppo critica nei confronti di persone e organizzazioni rispettate. Anche se l'autore cercò di presentare la sua opera come una storia d'amore umoristica, non poté evitare che venisse interpretata come più critica, soprattutto perché nella prefazione scrisse che il ruolo del teatro era quello di smascherare i vizi e gli abusi nascosti di coloro che occupavano posizioni di potere.

Ne *Le nozze di Figaro*, Beaumarchais è più critico nei confronti dell'Ancien Regime e dei suoi costumi rispetto a *Il barbiere di Siviglia*. Almaviva può essere visto come una rappresentazione della monarchia assoluta e onnipotente, dato che la moglie e i servitori non hanno altra scelta che obbedirgli. Ad esempio, quando sospetta che Chérubin sia l'amante della contessa, minaccia di mandarlo lontano. Tuttavia, nonostante il suo potere, non riesce a conquistare Suzanne. Il suo desiderio di sedurla si rivela la sua rovina: Figaro, Suzanne e Rosine sono consapevoli della sua debolezza e la sfruttano per tendergli una trappola che lo rende ridicolo: quando pensa di corteggiare Suzanne, in realtà sta flirtando con la sua stessa moglie. Ciò significa che il personaggio che rappresenta il potere all'interno dell'opera suscita risate piuttosto che ammirazione.

Quando l'opera fu rappresentata per la prima volta, le idee che poteva esprimere erano limitate dalla censura. Per esempio, la monarchia fu irritata dalla critica di Beaumarchais all'onnipotenza e ai privilegi non meritati di cui godono i membri più potenti della società, e dalla sua critica al sistema giudiziario, che viene reso ridicolo nella causa legale tra Marceline e Figaro. L'opera è anche molto critica nei confronti della politica, con Figaro che sostiene che non è altro che intrallazzi e inganni..:

> "[Recitare una parte bene o male, incoraggiare le spie e ricompensare i traditori, manomettere i sigilli, intercettare le lettere e cercare di compensare la povertà dei mezzi esagerando l'importanza dei propri fini – questo è tutto ciò che c'è in politica o mi sto tristemente sbagliando". (Atto 3, Scena V)

Un presagio della Rivoluzione francese?

L'impatto dell'opera è testimoniato dal fatto che due figure politiche di spicco, Georges Danton (avvocato e politico francese, 1759-1794) e Napoleone Bonaparte (generale francese, primo console e imperatore dei francesi, 1769-1821), ritenevano entrambi che le azioni di Figaro prefigurassero la Rivoluzione francese. La trama prevede numerosi ribaltamenti di ruoli: Figaro si oppone al suo padrone; le donne rifiutano di piegarsi alle aspettative di obbedienza che vengono riposte in loro; i servi si ribellano al potere che governa le loro vite quando questo impedisce loro di ottenere ciò che vogliono.

Beaumarchais critica anche i privilegi non meritati alla base della disuguaglianza sociale. Nel sistema feudale che ha prevalso fino al 1789, la società si basava sui privilegi feudali (leggi particolari che si applicavano a certi settori della società, escludendo tutti gli altri), che dovevano essere garantiti dal re. Le disuguaglianze che ne derivano sono evidenziate nella commedia dal fatto che il Conte detta le regole e tutti gli altri non hanno altra scelta che obbedirgli. Per Rosine e i servi è molto più difficile ottenere ciò che vogliono, per quanto si sforzino:

> *"Nobiltà, fortuna, rango, posizione! Come fanno sentire orgoglioso un uomo! Che cosa hai fatto per meritare tali vantaggi? Ti sei preso la briga di nascere – niente di più! Per il resto, un uomo molto comune! Mentre io, perso tra la folla oscura, ho dovuto impiegare più conoscenze, più calcoli e abilità solo per sopravvivere di quanto sia bastato per governare tutte le province della Spagna per un secolo! Eppure vorresti misurarti con me..."*
> *(Atto 5, Scena I)*

Questa ingiustizia crea un terreno fertile per la ribellione e in breve tempo i servi iniziano a lottare per il diritto di prendere le proprie decisioni. Non vogliono più impiegare tanto ingegno per una ricompensa così bassa e, dopo che Figaro usa la sua astuzia per guidare la ribellione, i privilegi non meritati vengono aboliti per un certo periodo.

Alcuni autori e critici hanno considerato la scrittura socialmente consapevole di Beaumarchais come un presagio, o addirittura la causa, della Rivoluzione francese. Sebbene si tratti di un'affermazione forse azzardata, è innegabile che *Le nozze di Figaro* rifletta lo stesso clima politico che ha dato origine alla Rivoluzione.

RIVITALIZZARE IL TEATRO COMICO

Nei suoi scritti teorici sul teatro, Beaumarchais sosteneva che il genere doveva cambiare per diventare più fluido ed espressivo. Descrisse *Le nozze di Figaro* come un'opera seria perché combina elementi tragici e comici. Contiene una serie di caratteristiche classiche della commedia e della farsa, tra cui:

- il binomio padrone-servo, con un servo più astuto del suo padrone;

- personaggi che si camuffano o si nascondono in luoghi come gli armadi;

- situazioni confuse o alterchi tra i personaggi;

- un drammatico colpo di scena e il ritrovamento di un bambino perduto;

- personaggi di basso rango che si fanno beffe dell'autorità dei loro padroni o anziani.

Tuttavia, l'opera contiene anche una serie di elementi innovativi. A differenza de *Il barbiere di Siviglia*, il padrone e il valletto non sono più dalla stessa parte, ma sono rivali romantici. Inoltre, il valletto gode di un notevole grado di libertà di espressione, criticando apertamente la nobiltà e i suoi privilegi, nonché il sistema legale. Ciò significa che il ruolo di Figaro non è solo quello di intrattenere il pubblico: egli è il portavoce attraverso il quale vengono espresse una serie di richieste sociali.

Infine, i personaggi femminili dell'opera sono particolarmente forti e indipendenti e riflettono sulla posizione della donna nella società e sul concetto di fedeltà.

 ## IL RAPPORTO TRA LE NOZZE DI FIGARO E IL BARBIERE DI SIVIGLIA

In termini cronologici, *Le nozze di Figaro* è ambientato qualche tempo dopo *Il barbiere di Siviglia*. Nel *Barbiere di Siviglia*, Almaviva corteggia Rosine, che a questo punto è una popolana, orfana e pupilla di Bartolo. Figaro, che è già valletto di Almaviva nella prima commedia, contribuisce a far sì che il matrimonio abbia luogo.

Almaviva, Figaro, Rosine e Bartholo compaiono di nuovo nella seconda opera, accompagnati da nuovi personaggi come Marceline (che non compare ma viene citata nel *Barbiere di Siviglia*), Suzanne e Chérubin. Queste aggiunte hanno un duplice scopo: da un lato, giustificano la nuova trama (Marceline ha un ruolo nella rivelazione finale, Suzanne è la fidanzata di Figaro e l'oggetto delle attenzioni di Almaviva fino all'ultimo atto, e Chérubin partecipa involontariamente all'equivoco finale); dall'altro, permettono a Beaumarchais di introdurre nuovi temi e relazioni tra i suoi personaggi.

TECNICHE COMICHE NE *LE NOZZE DI FIGARO*

Beaumarchais utilizza una serie di tecniche per far ridere il suo pubblico, tra cui la creazione di situazioni incongrue e l'inserimento di divertenti colpi di scena. In particolare, l'opera presenta:

- **ripetizione.** Può essere visiva (ad esempio, Suzanne e Marceline fanno ripetuti inchini quando discutono davanti a Bartholo nell'Atto 1, Scena V) o verbale (ad esempio, nell'Atto 5, Scena XVIII, il Conte dice ripetutamente "No, no" mentre gli altri personaggi si inginocchiano davanti a lui);

- **inversione.** Come suggerisce il nome, l'inversione funziona ribaltando la situazione iniziale. Nell'Atto 5, Scena VIII, Figaro crede che Suzanne gli sia infedele, senza sapere che lei e Rosine si sono travestite l'una dall'altra per tendere una trappola ad Almaviva. Egli si rende conto di ciò che sta accadendo mentre è solo con Suzanne (travestita da Rosine), ma non lascia trapelare di averlo saputo e rivolge i suoi tentativi di seduzione contro di lei:

> "Figaro [con una comica finzione di emozione]: Ah, signora, vi adoro! Considerate il momento, il luogo e le circostanze – e che il vostro risentimento compensi le grazie che mancano alle mie suppliche!
>
> Suzanne [a parte]: Mi prude la mano!
>
> Figaro [a parte]: Il mio cuore batte forte!".

Quando il travestimento di Suzanne viene svelato, ella schiaffeggia Figaro due volte prima di picchiarlo; questo fa ridere il pubblico perché è così inaspettato;

- **malintesi.** Il quinto atto è pieno di equivoci. Il fatto che Rosine si sia travestita da Suzanne e Suzanne da Rosine porta a una serie di errori umoristici. Il travestimento è una caratteristica classica della commedia e contribuisce all'umorismo perché vede i personaggi indossare abiti che non gli si addicono.

Tra gli elementi comici più innovativi vi è il ruolo della scenografia, che cambia ad ogni atto: una stanza con una sedia da malato nel primo atto; un'altra stanza più lussuosa per la contessa nel secondo atto; un'aula di tribunale nel terzo atto; una galleria nel quarto atto; i giardini del castello nel quinto atto. La scenografia contribuisce all'aspetto comico degli episodi: ad esempio, nel primo atto Chérubin si nasconde sotto la sedia prima di saltare dalla finestra per evitare di essere catturato.

IL TEMA DELL'AMORE

Come suggerisce il titolo, l'amore è al centro della pièce, che mette in scena una serie di relazioni sentimentali diverse.

- L'amore tra Figaro e Suzanne è del tutto sincero. A parte il breve malinteso di Figaro che Suzanne gli sia infedele, nulla può scuotere i loro sentimenti reciproci. Nessuno dei due ha bisogno di ricorrere a inganni o manipolazioni per conquistare l'altro.

- Chérubin è irrimediabilmente innamorato di Rosine e si impegna con tutte le sue energie per cercare di affascinarla. Canta di lei e ruba uno dei suoi nastri, di cui fa tesoro. Il suo amore per lei è accompagnato da un'appassionata lussuria adolescenziale.

- Dopo aver usato la sua astuzia per sposare Rosine, Almaviva tenta di intraprendere una relazione con Suzanne. Ne nasce l'unico triangolo amoroso dell'opera.

La trama è guidata dai sentimenti romantici dei personaggi, che danno luogo a numerosi colpi di scena e scene comiche.

MONOLOGO DI FIGARO

Il monologo di Figaro nell'atto 5, scena III, in cui discute a lungo della sua situazione e delle sue preoccupazioni, è uno dei passaggi più famosi del teatro francese. A questo punto dell'opera, egli crede che Suzanne preferisca il conte Almaviva a lui e teme che il suo matrimonio non abbia luogo. La sua gelosia e la sua infelicità lo portano a descrivere tutta la storia della sua vita, con l'obiettivo di dimostrare di essere infinitamente più meritevole del suo presunto rivale.

Il testo ruota attorno a due temi chiave: l'amore e le circostanze sociali. Durante questo monologo, Figaro pronuncia una delle battute più famose dell'opera, attaccando il fatto che il Conte non abbia raggiunto la sua posizione sociale per merito proprio: "[tu] [ti] sei dato la pena di nascere – niente di più!". La sua delusione romantica esaspera quindi il dolore che prova per il grande divario tra lui e Almaviva, dovuto in gran parte alle loro origini sociali diametralmente opposte.

Il discorso di Figaro è uno dei monologhi più lunghi della storia del teatro, ed è particolarmente degno di nota se si considera il periodo in cui l'opera è stata scritta, in quanto soliloqui così estesi erano ancora più rari di oggi. Il monologo è estremamente denso e discute una serie di preoccupazioni di Figaro.

- Il monologo inizia e finisce con le sue preoccupazioni per il presunto tradimento di Suzanne.

- Egli evoca la miseria in cui si è trovato in più occasioni, che considera particolarmente ingiusta in quanto è un uomo onesto. È stato allevato dai banditi e ha cercato di allontanarsi da loro ricevendo un'istruzione, ma quando questa si è rivelata fuori dalla sua portata si è rivolto al teatro. Ha fatto molte esperienze e molti lavori, ma alla fine lavorare come valletto è l'unica cosa che gli garantisce una certa stabilità.

- Nella seconda parte del monologo, egli sostiene che i potenti ricorrono spesso al furto, che serve a rafforzare la loro posizione. Figaro è cresciuto in un ambiente in cui il furto era comune, ma quando ha cercato di lasciarselo alle spalle si è reso conto che poteva guadagnarsi da vivere solo ricorrendo all'inganno e all'astuzia. Crede di essere vittima del peggior tipo di furto, poiché Almaviva sta cercando di portargli via la fidanzata.

- Infine, esprime disgusto per le differenze tra lui e Almaviva, dovute esclusivamente alle loro origini sociali. Figaro deve lottare per ottenere gli stessi privilegi di cui Almaviva ha sempre goduto solo in virtù della sua nascita, ma non riesce a ottenerli, nemmeno nei rapporti personali (poiché ritiene che Suzanne gli sia stata infedele).

In questo modo, Beaumarchais condanna alcuni aspetti della società del XVIII secolo, ma la situazione che descrive sembra senza speranza, con la nobiltà e i suoi privilegi immeritati da un lato, e la gente comune che è amareggiata perché non può accedere agli stessi privilegi, per quanto lavori duramente, dall'altro. La controversa dimensione politica del monologo lo rende, e l'opera nel suo complesso, una pietra miliare nell'opera di Beaumarchais.

ULTERIORI RIFLESSIONI

ALCUNE DOMANDE SU CUI RIFLETTERE...

- In che modo il monologo di Figaro nell'Atto 5, Scena III è rappresentativo dell'opera nel suo complesso?

- Commentate la replica di Figaro ad Almaviva: "Ti sei preso il disturbo di nascere – niente di più!".

- In che cosa Figaro è diverso dai valletti rappresentati nelle commedie di Molière (commediografo francese, 1622-1673) e Marivaux (scrittore francese, 1688-1763)? Cosa lo rende originale?

- *Le nozze di Figaro* è il seguito de *Il barbiere di Siviglia*. Ritenete che i personaggi si siano sviluppati tra le due opere? Utilizzate degli esempi per illustrare la vostra risposta.

- *Le nozze di Figaro* è una commedia, il che significa che il suo scopo è far ridere il pubblico. Quali tecniche comiche utilizza Beaumarchais?

- Perché si può affermare che l'opera ha preannunciato la Rivoluzione francese del 1789?

- Commentate la seguente citazione dall'opera teatrale: "Se non c'è libertà di critica, la lode non ha valore" (Atto 5, Scena III).

- *Le nozze di Figaro* fu censurato durante l'occupazione nazista della Francia (1940-1944). Secondo voi, quali passaggi furono soppressi e perché?

- Pensate che Beaumarchais fosse un misogino o un difensore delle donne? Giustificate la vostra risposta.

ULTERIORI LETTURE

EDIZIONE DI RIFERIMENTO

Beaumarchais, P.-A. (1964) *Il Barbiere di Siviglia e Le nozze di Figaro*. Trans. Wood, J. London: Penguin.

STUDI DI RIFERIMENTO

Ehrndal, N. (2007) Femmes, révolution et effets comiques dans *Le Mariage de Figaro* de Beaumarchais. *Collezioni Europeana*. [Online]. [Accessed 27 August 2018]. Disponibile da: <https://www.europeana.eu/portal/en/record/9200111/Bibliographic-Resource_1000085949593.html>

(Senza data) Le Mariage de Figaro. *Mount Holyoke*. [Online]. [Accessed 27 August 2018]. Disponibile da: <https://www.mtholyoke.edu/courses/nvaget/331sp08/lemariage.html>

Skenazene, I. (No date) Les divers aspects du comique dans *Le Mariage de Figaro* : convention et innovation. *Academia.edu*. [Online]. [Accessed 27 August 2018]. Disponibile da: <http://www.academia.edu/24724077/LES_DIVERS_ASPECTS_DU_COMIQUE_DANS_LE_MARIAGE_DE_FIGARO_CONVENTION_ET_INNOVATION>

ADATTAMENTI

Le nozze di Figaro. (1786) [Opera]. Wolfgang Amadeus Mozart. Vienna.

Beaumarchais il furfante. (1996) [Film]. Édouard Molinaro. Dir. Francia: Téléma, StudioCanal, France 2 Cinéma, France 3 Cinéma.

Vogliamo sapere da voi!
Lasciate un commento sulla vostra biblioteca online
e condividete i vostri libri preferiti sui social media!

www.50minutes.com

Master ISBN: 9782808690638
ISBN cartaceo: 9782808612036
Deposito legale: D/2023/12603/1483

Copertura: © Primento

Concezione digitale a cura di Primento, il partner digitale degli editori.